Coloring Expert Vol. 1

"Alrededor del mundo con Coloring Expert"

http://www.ayground.pl 2016

Coloring Expert es una aplicación móvil disponible para tablets y teléfonos (tanto Android como iOS). En las páginas siguientes encontrarás algunos dibujos para colorear de entre los más de seiscientos disponibles en mi aplicación. Si te han gustado y te gusta colorear visita la página http://coloringexpert.com, donde podrás saber más. Mira también mis otros libritos para colorear disponibles en Amazon.

¡Hojea una página y ponte a colorear!

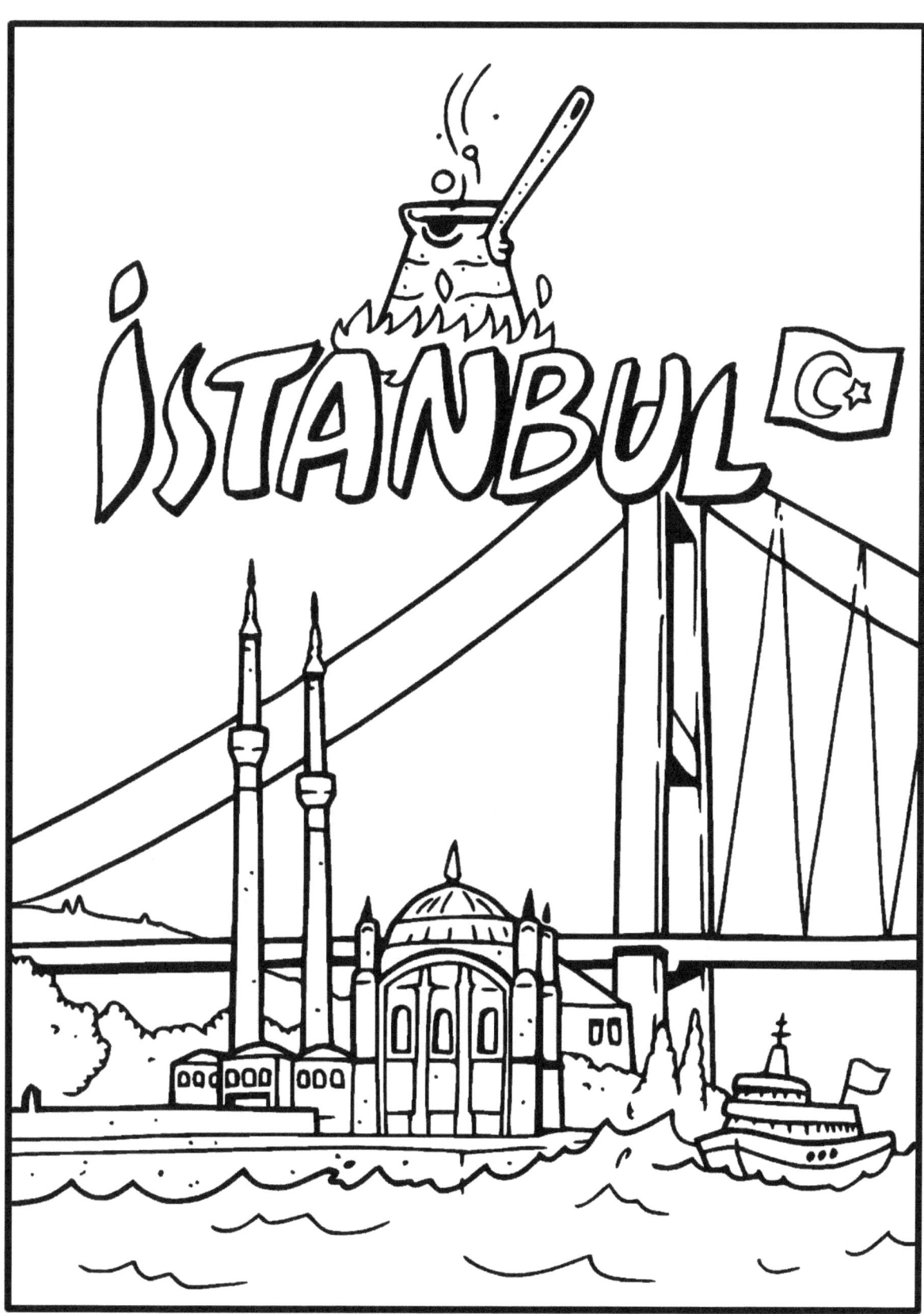

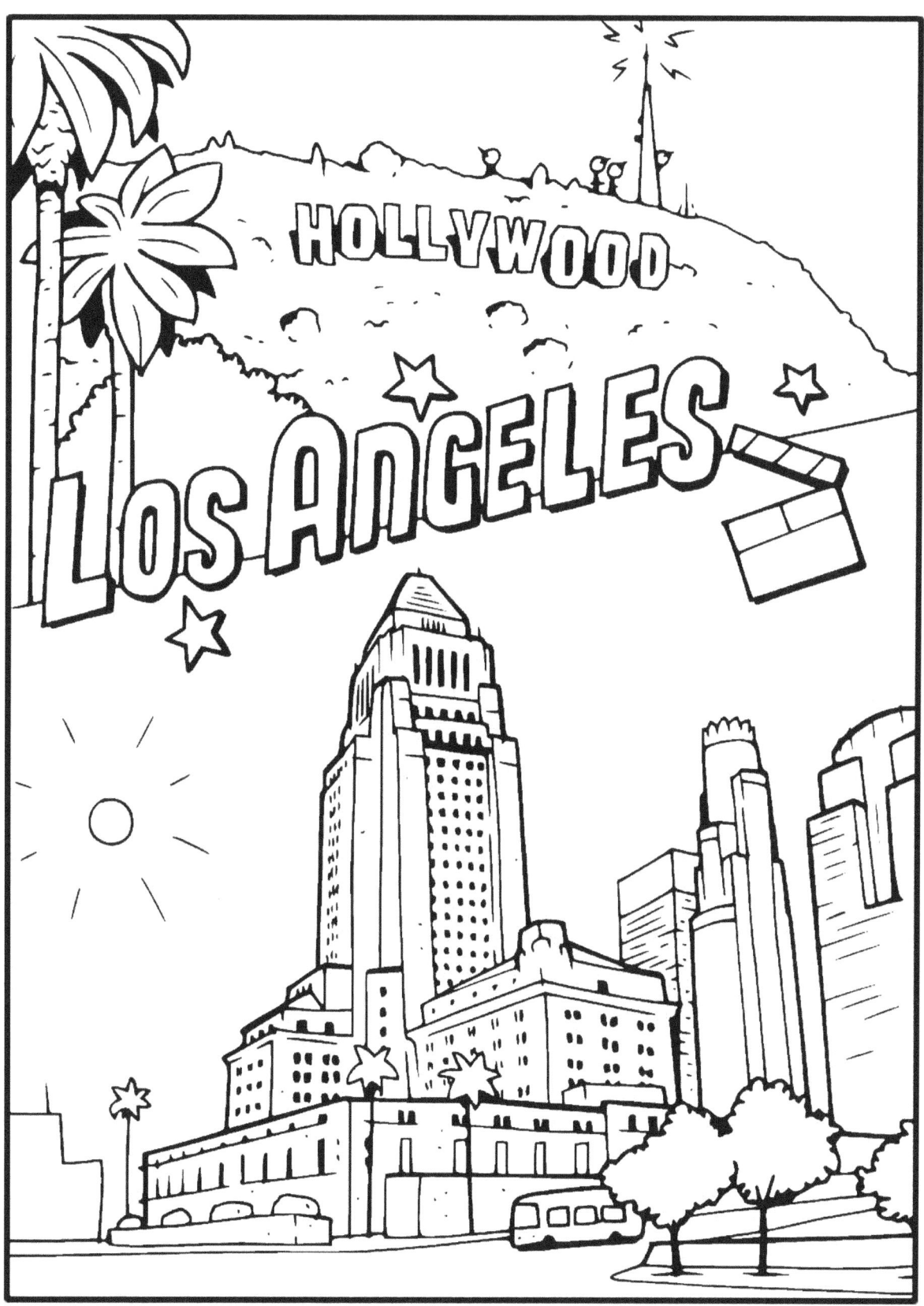

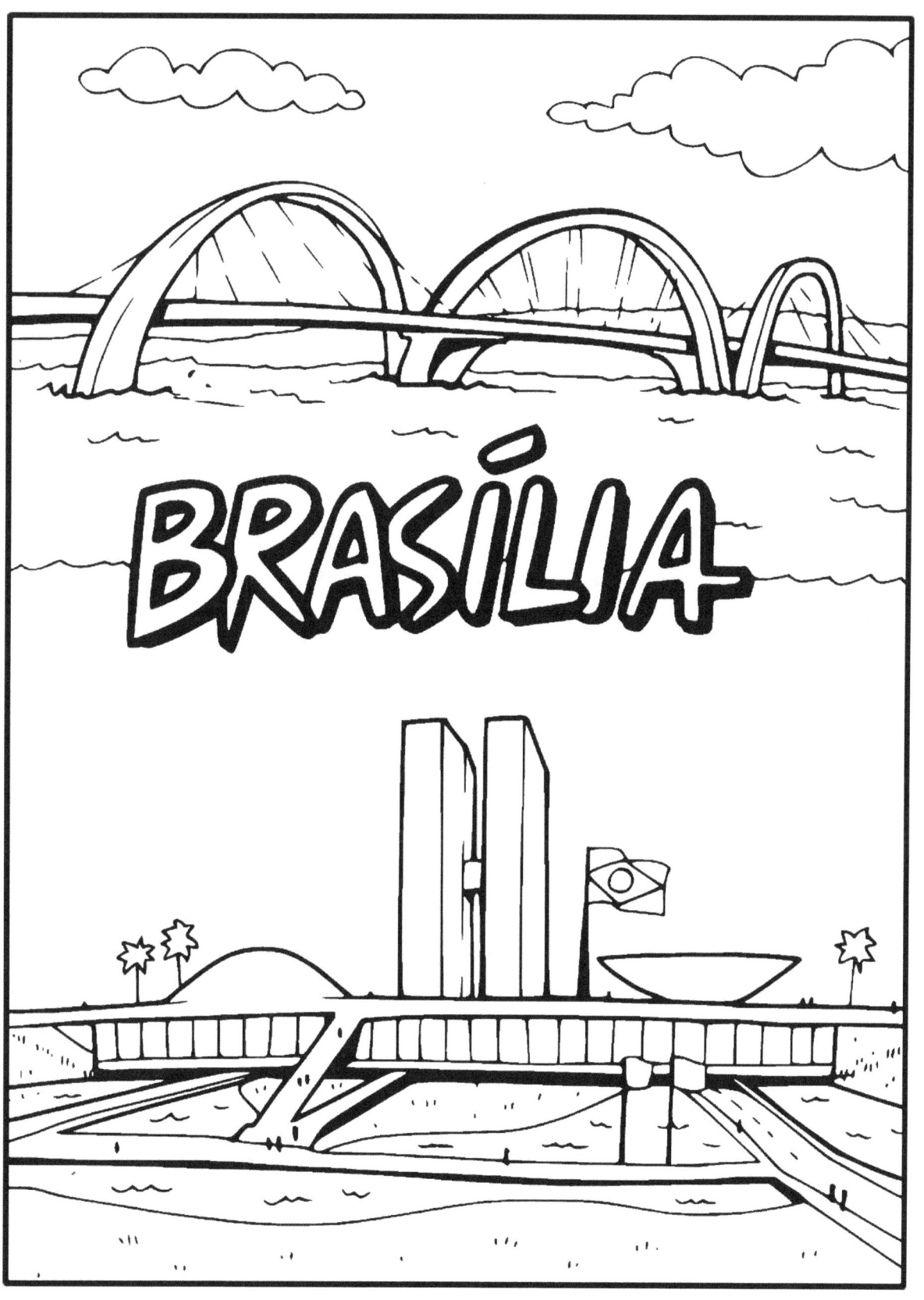

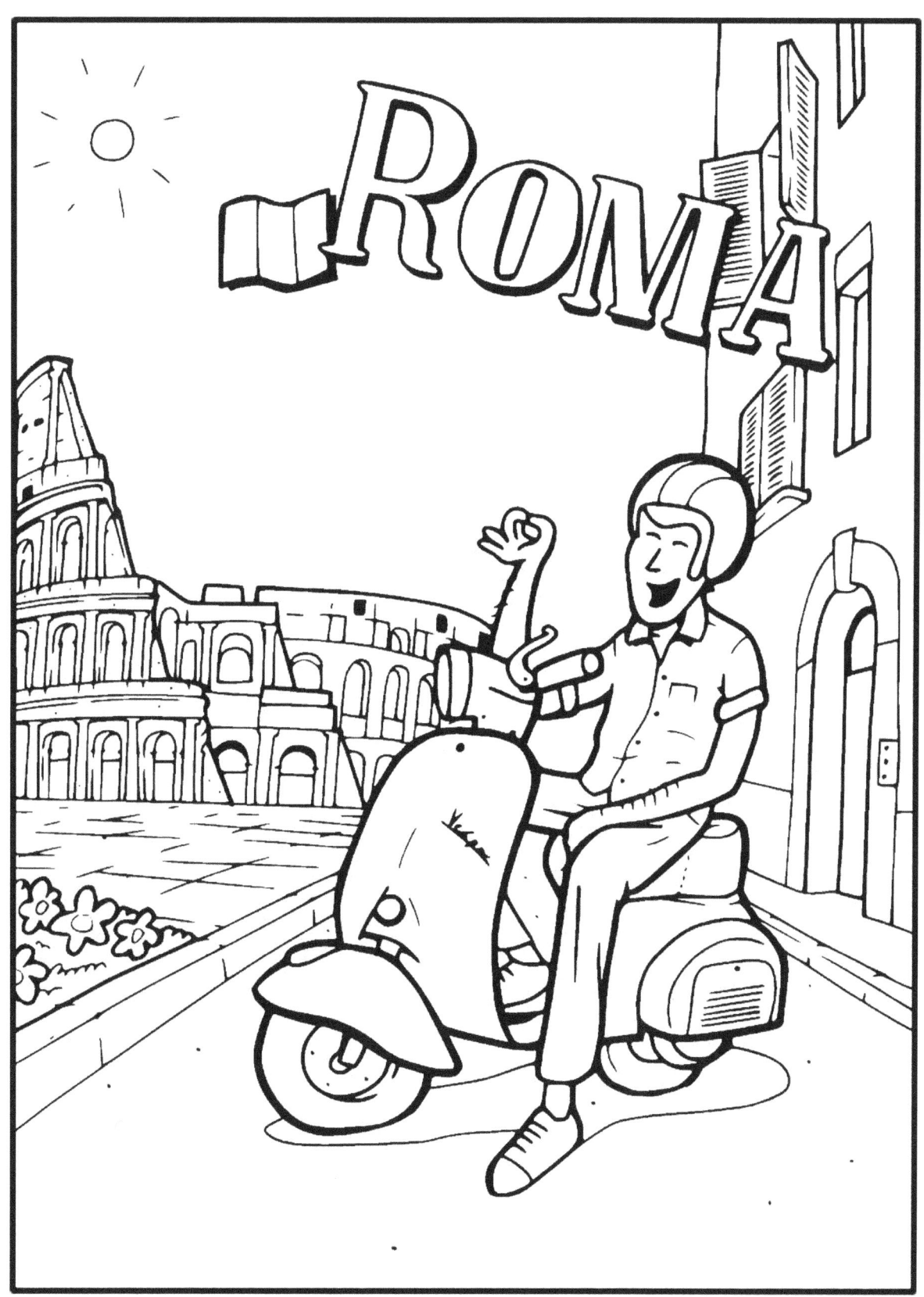

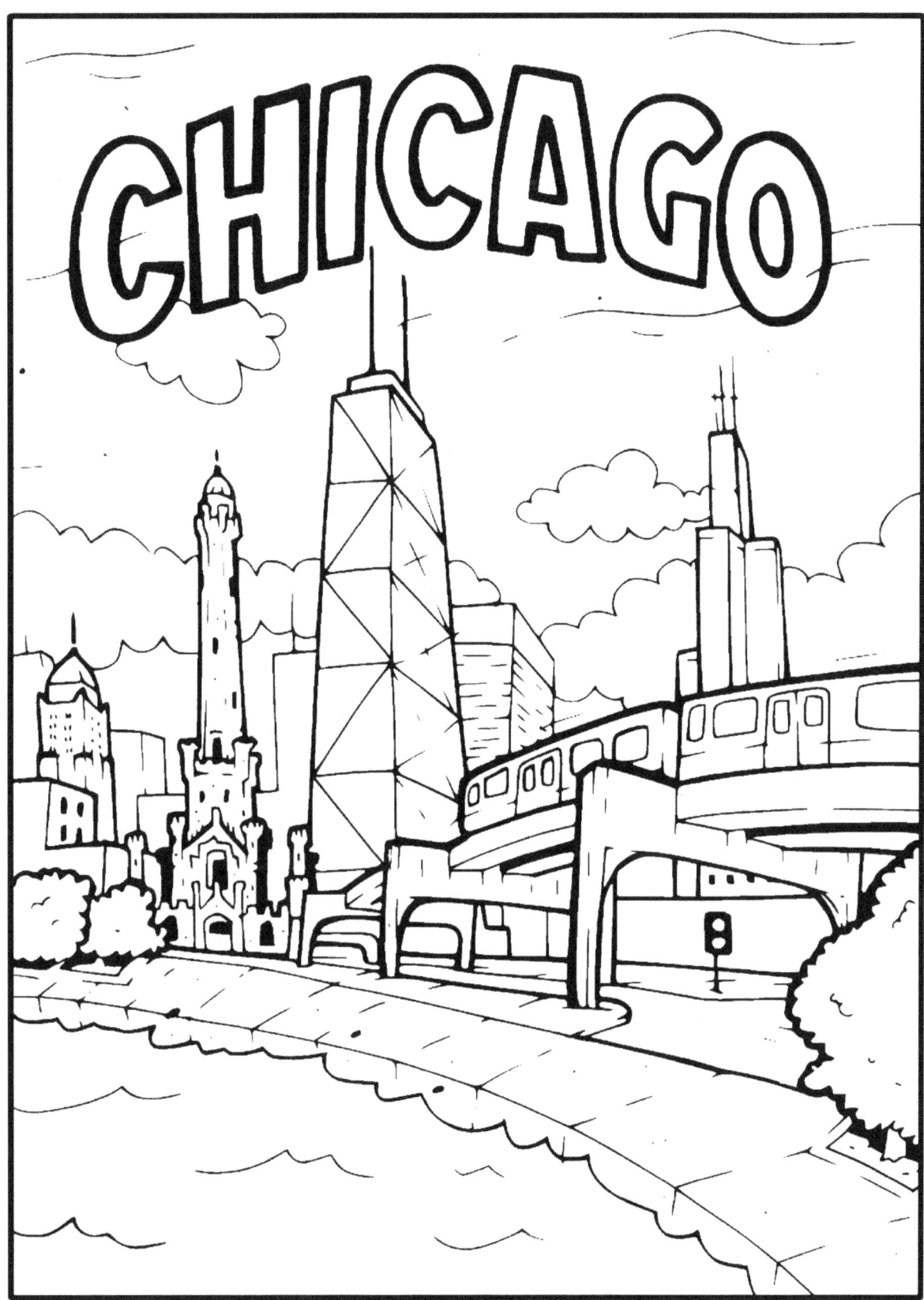

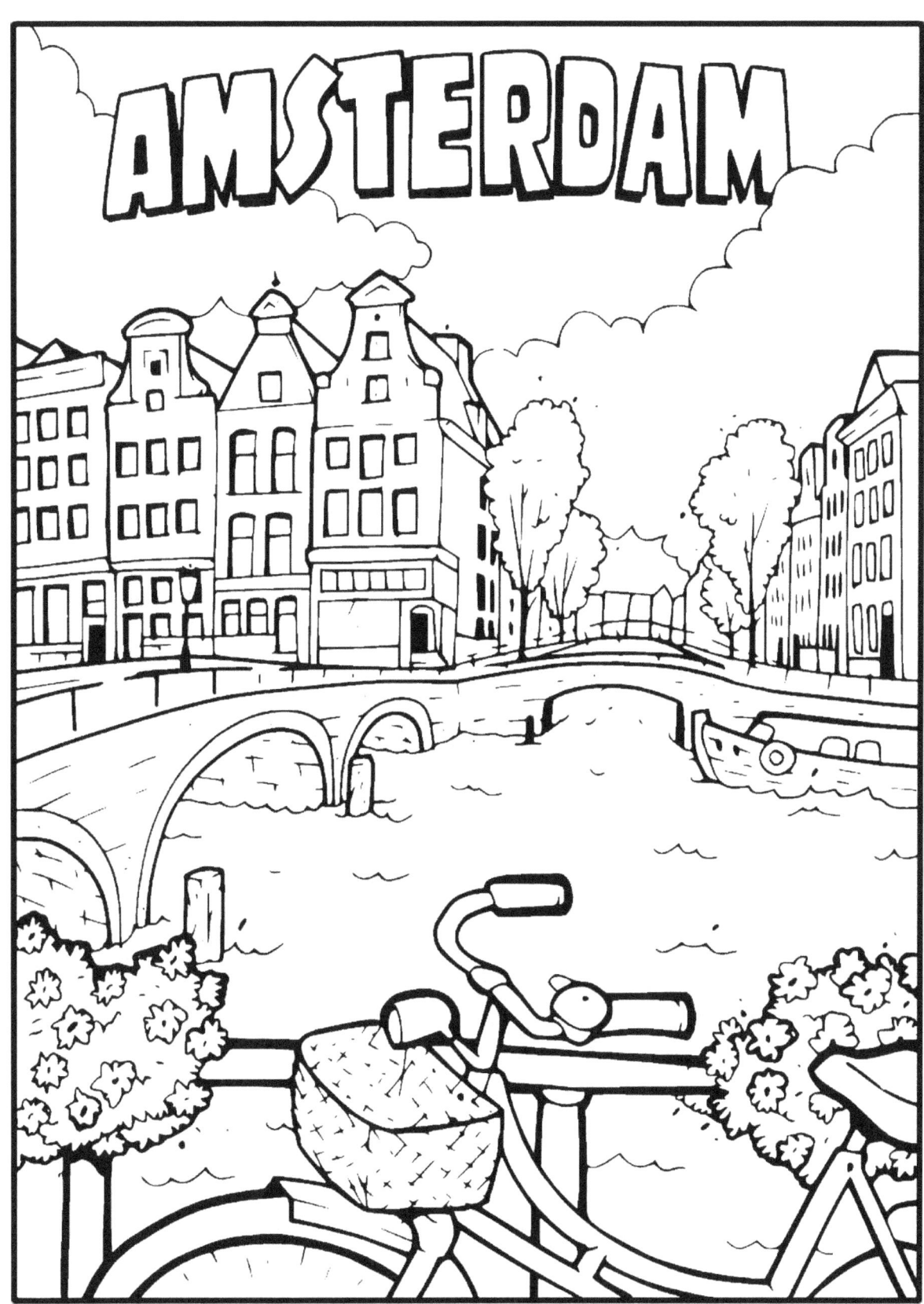

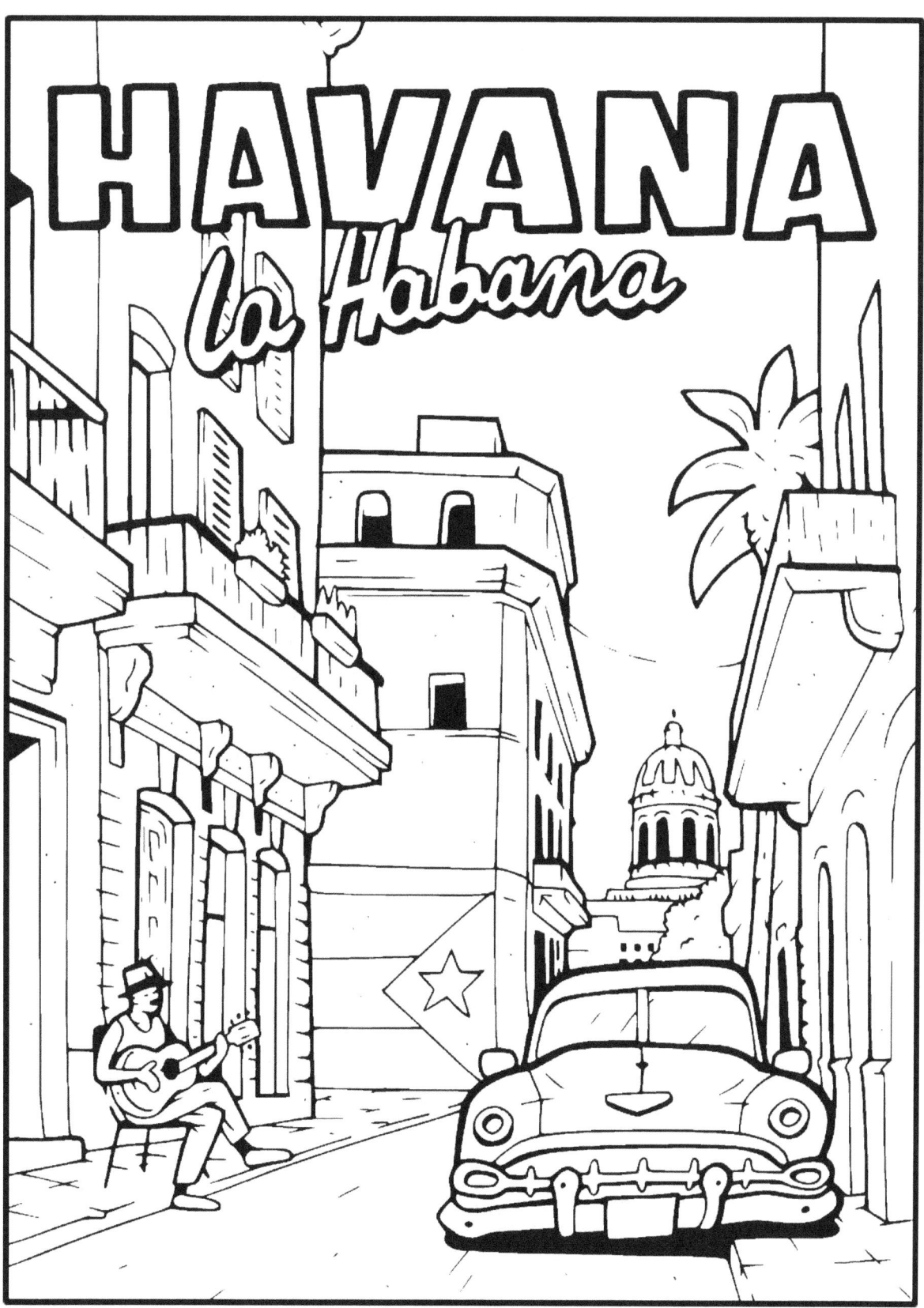

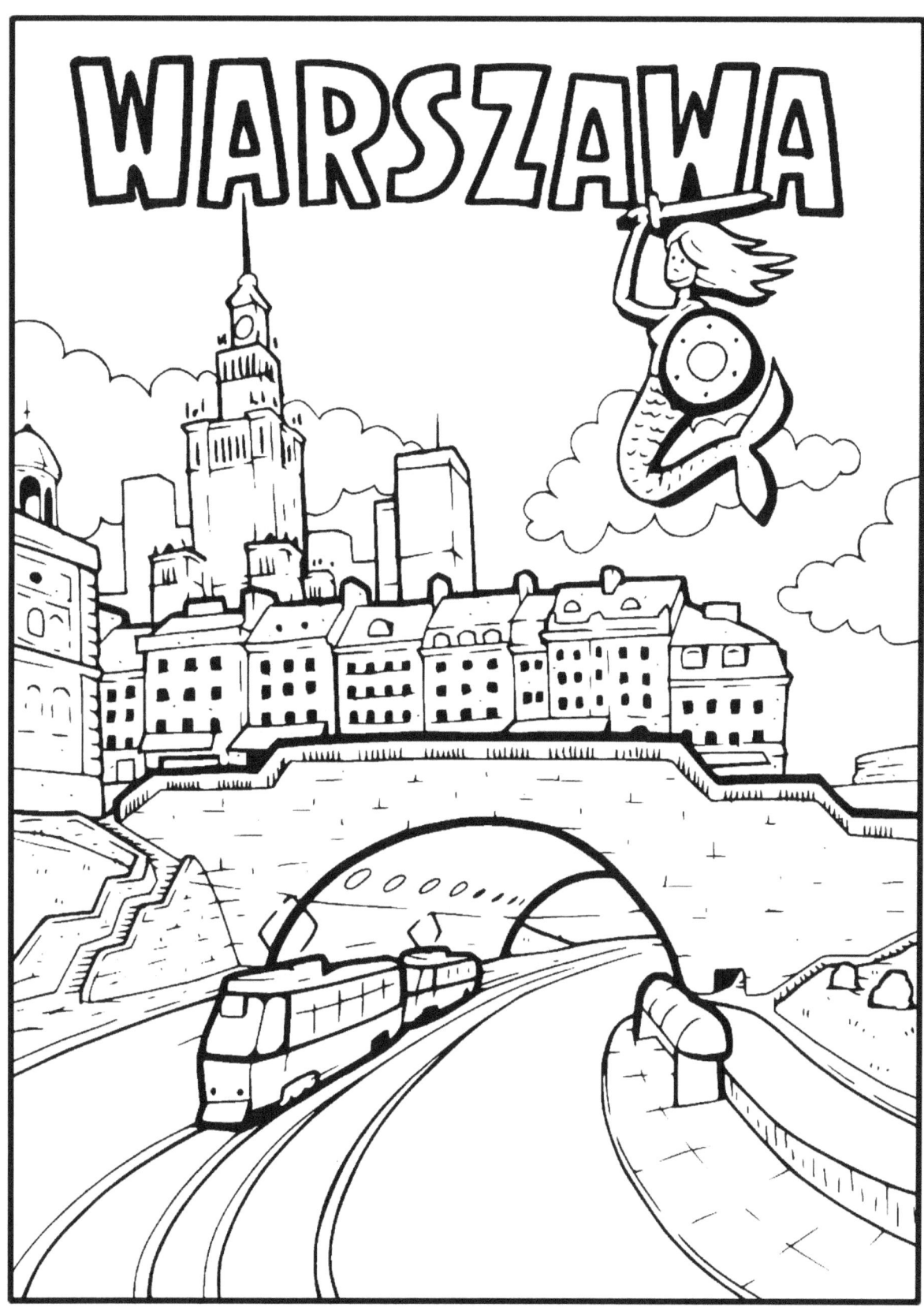

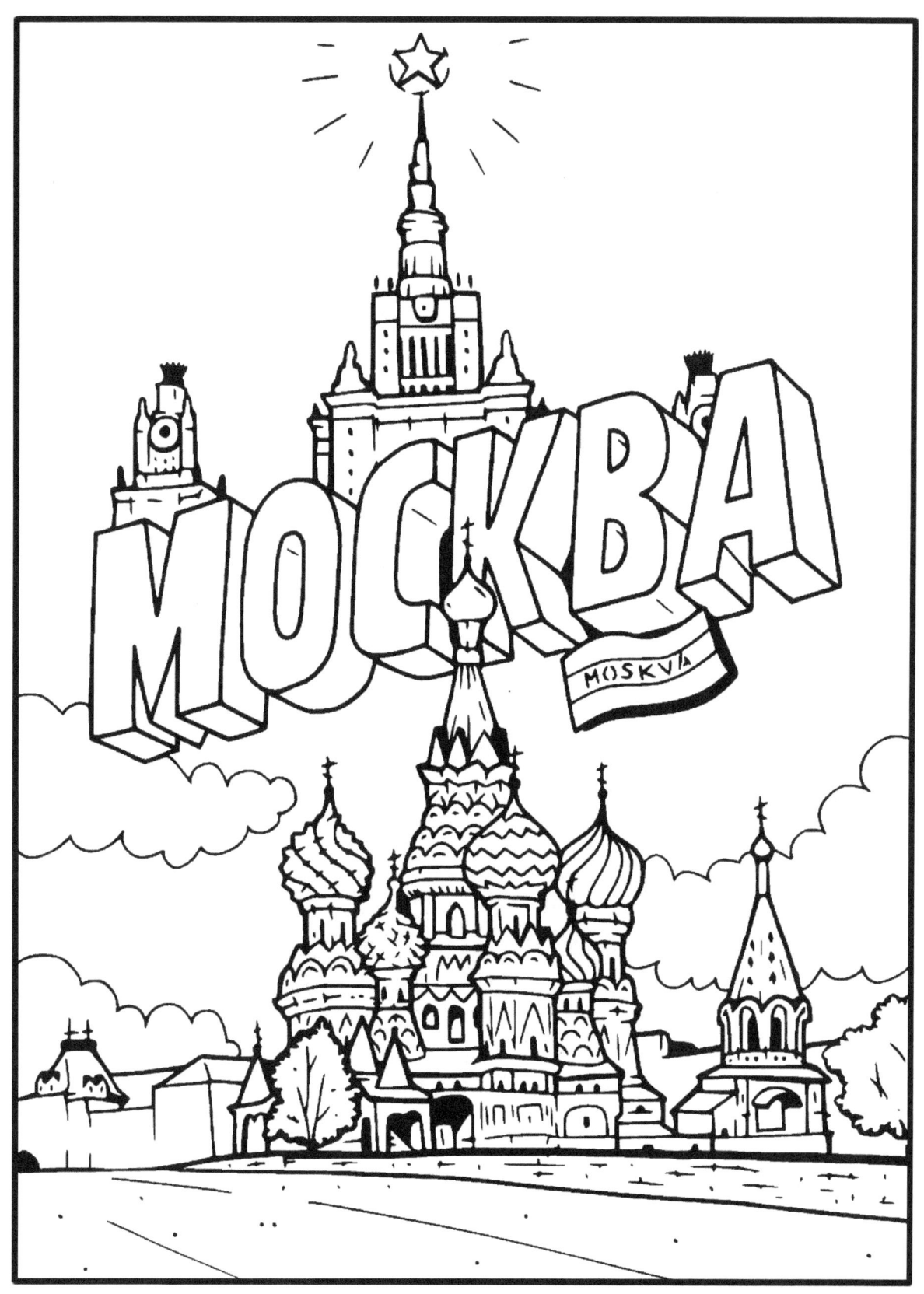

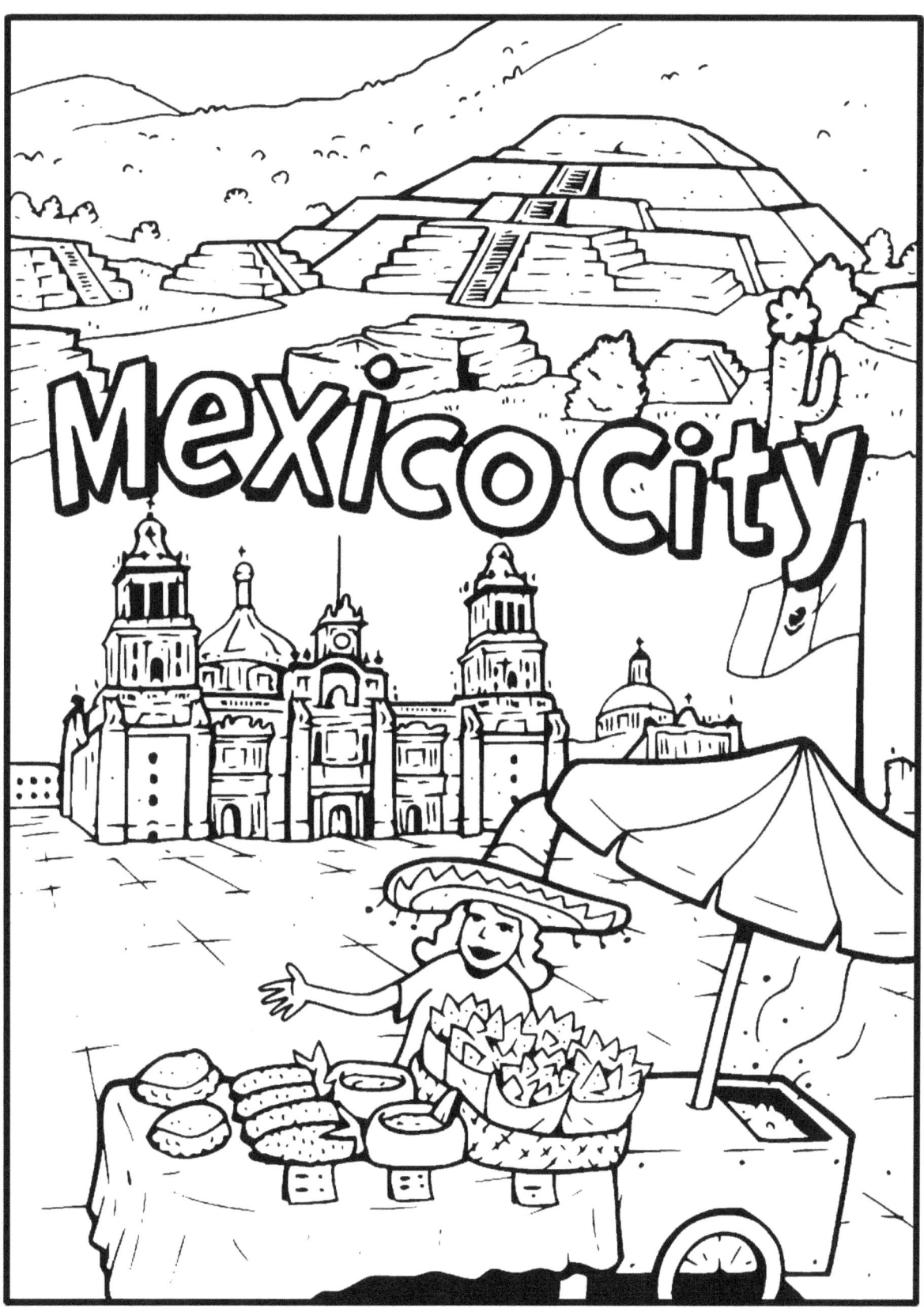

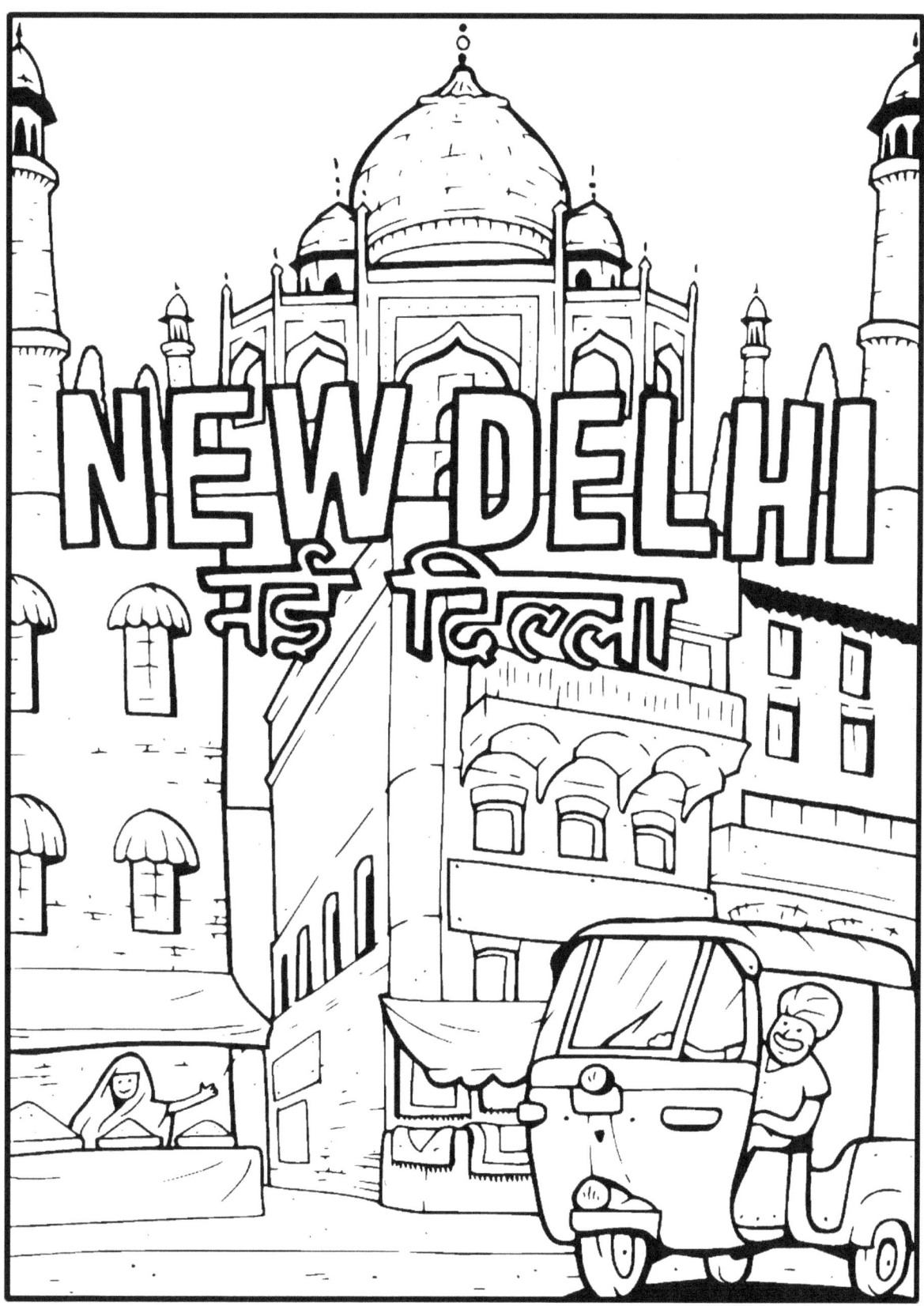

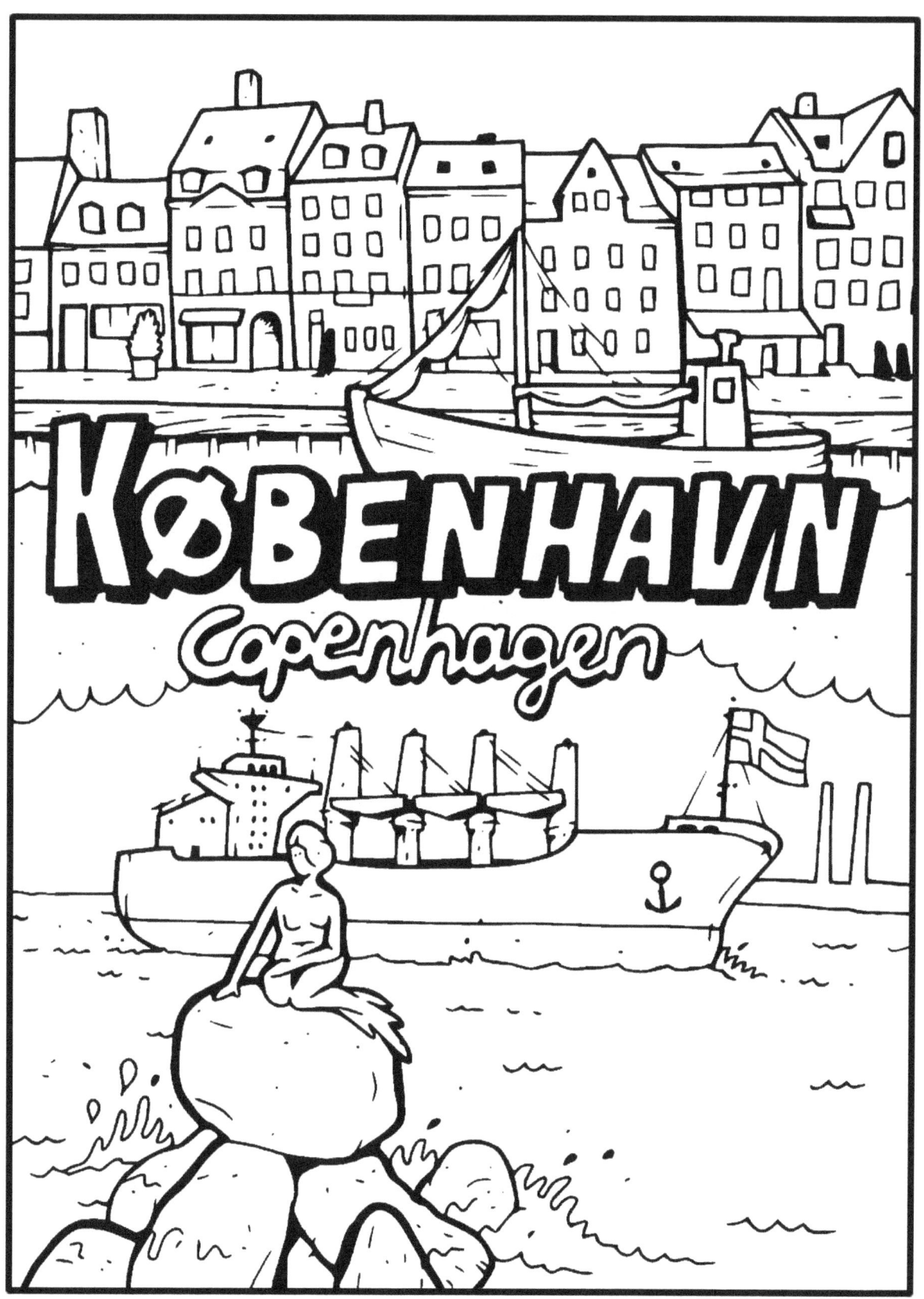

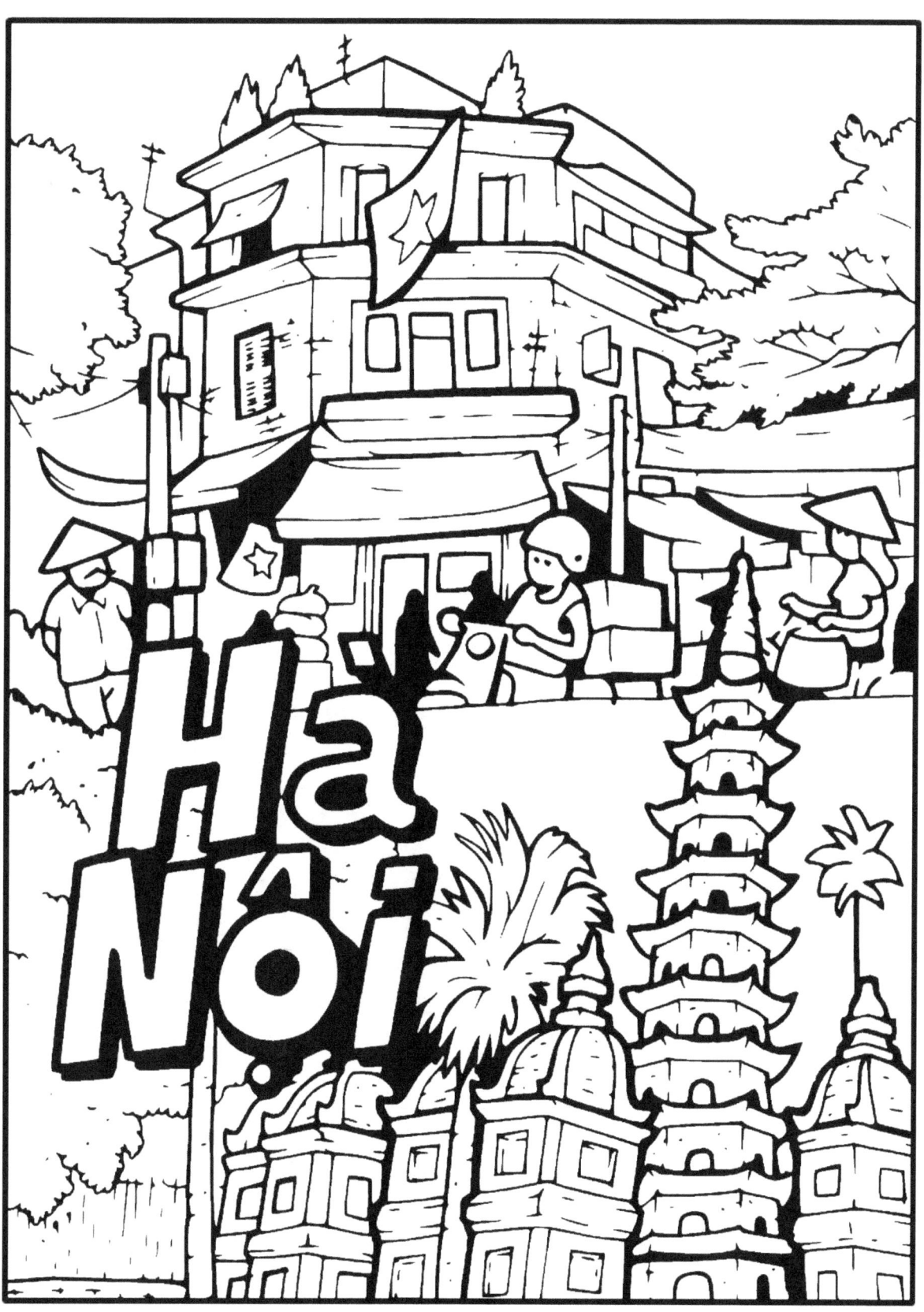

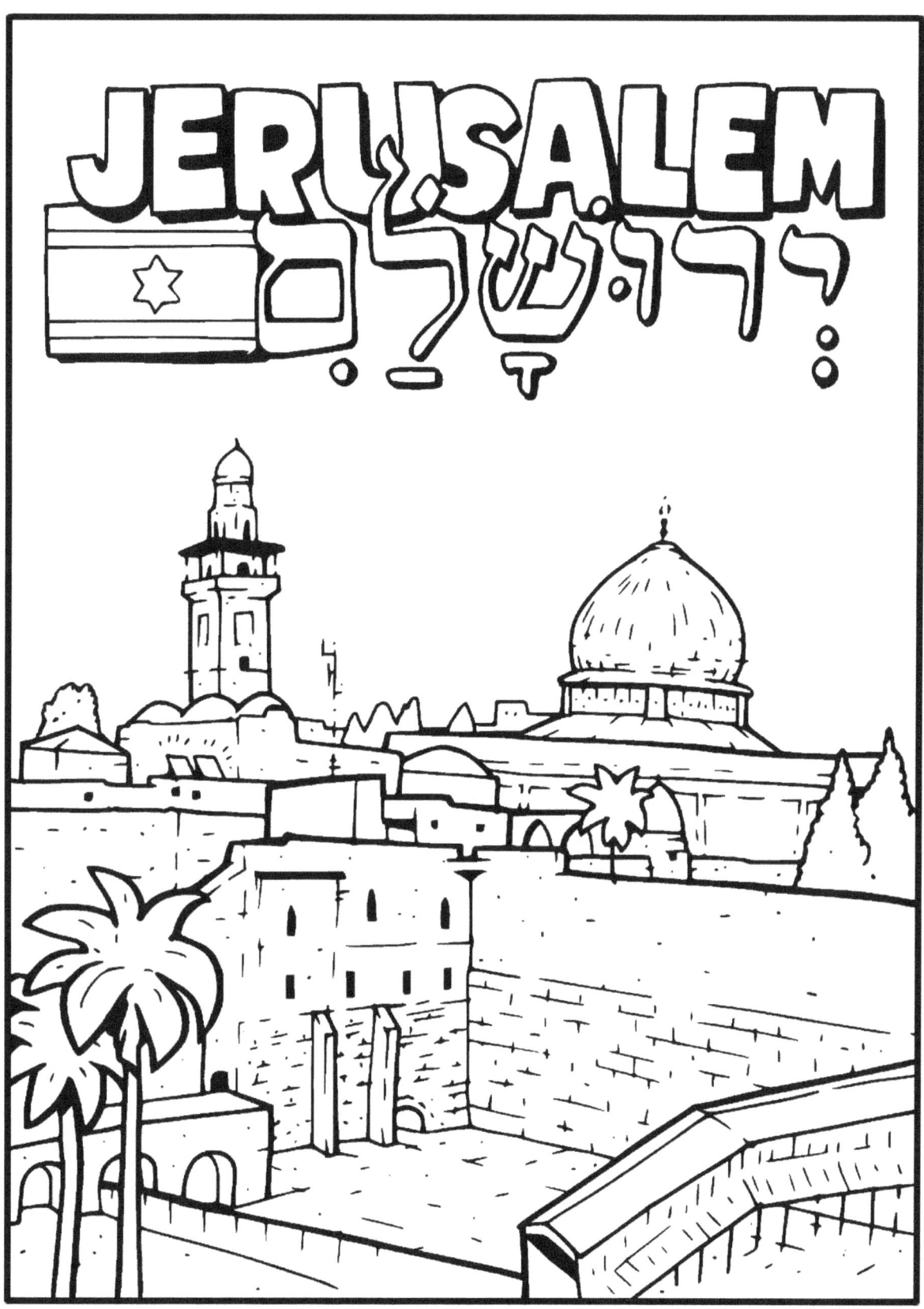

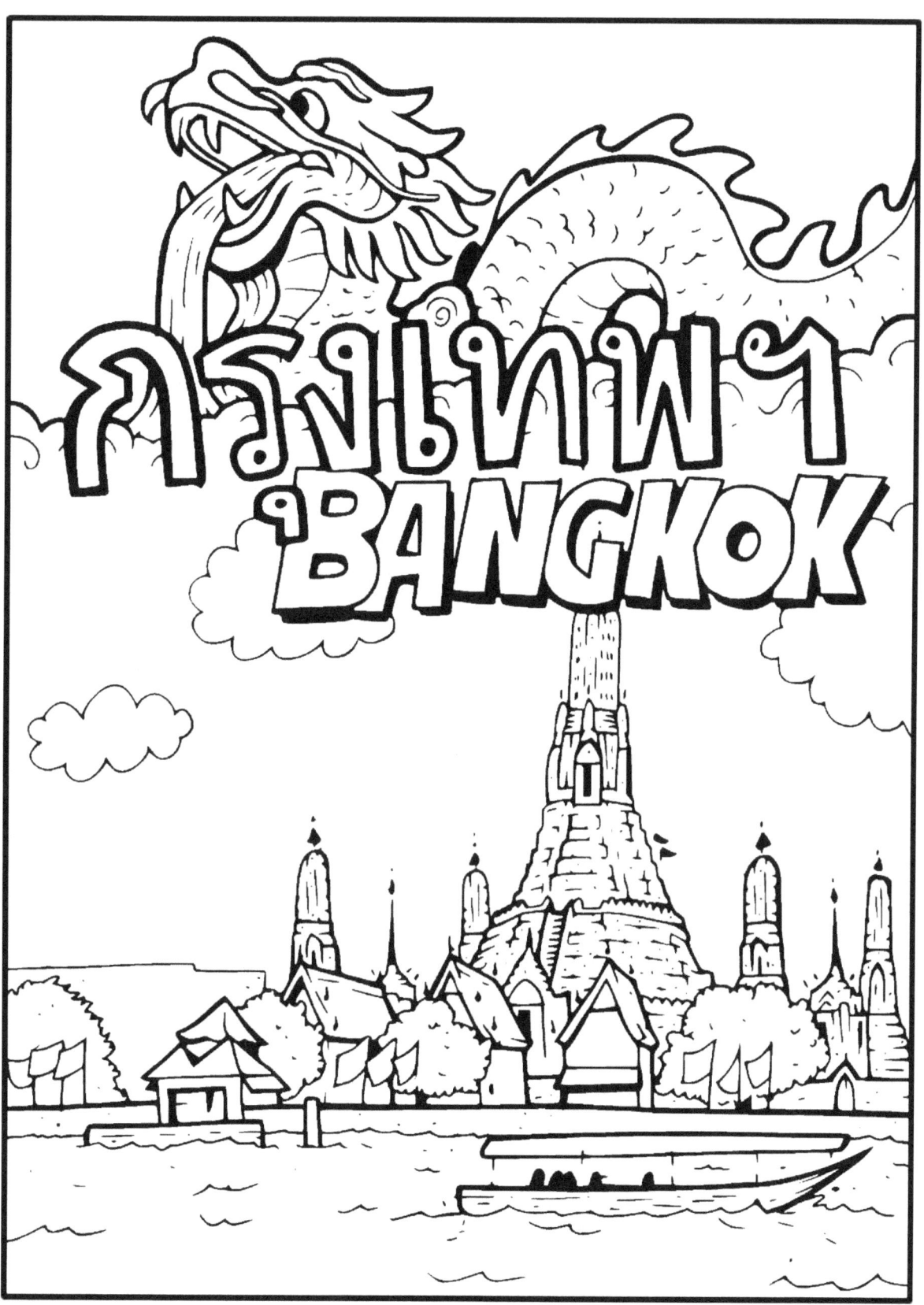

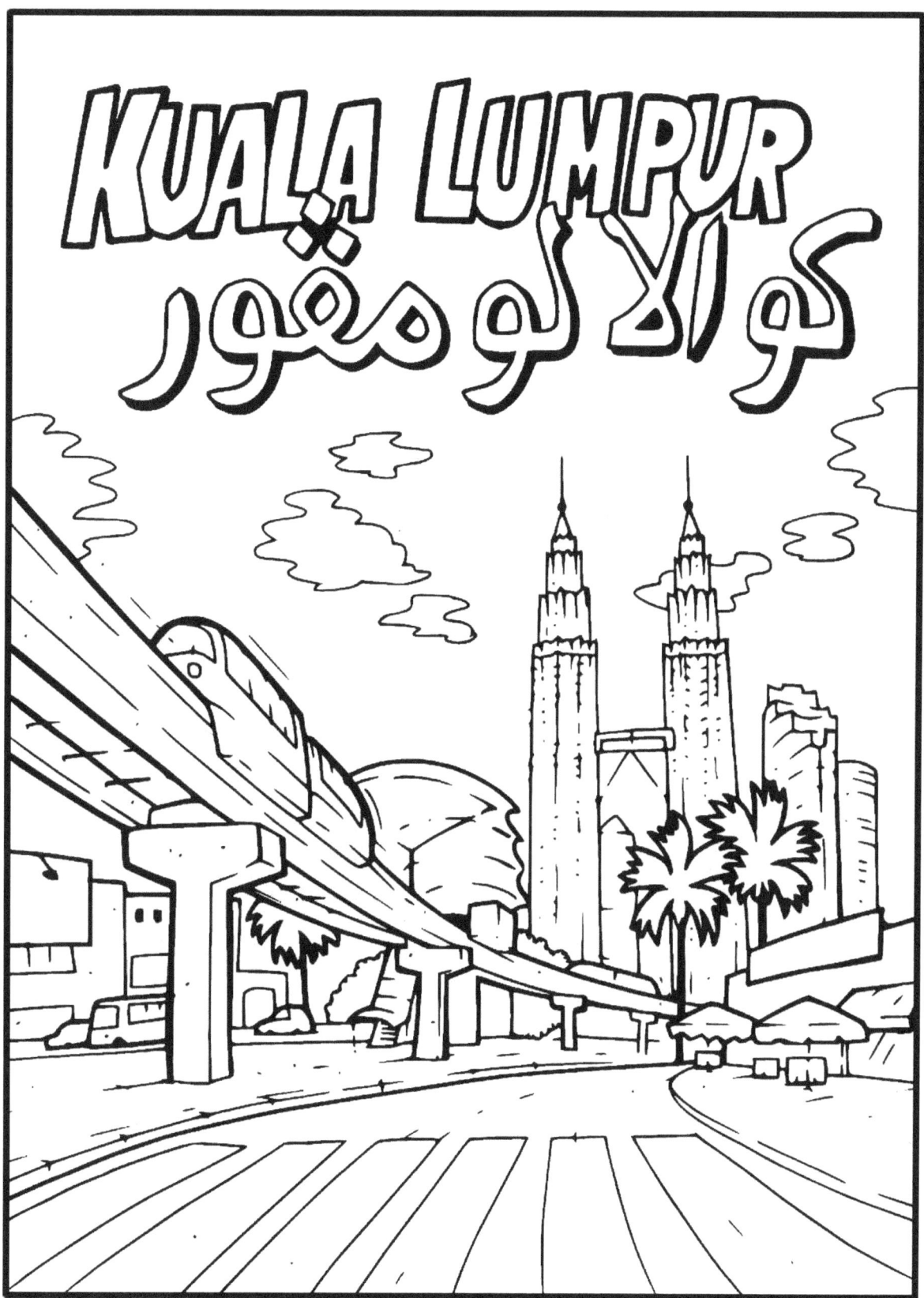

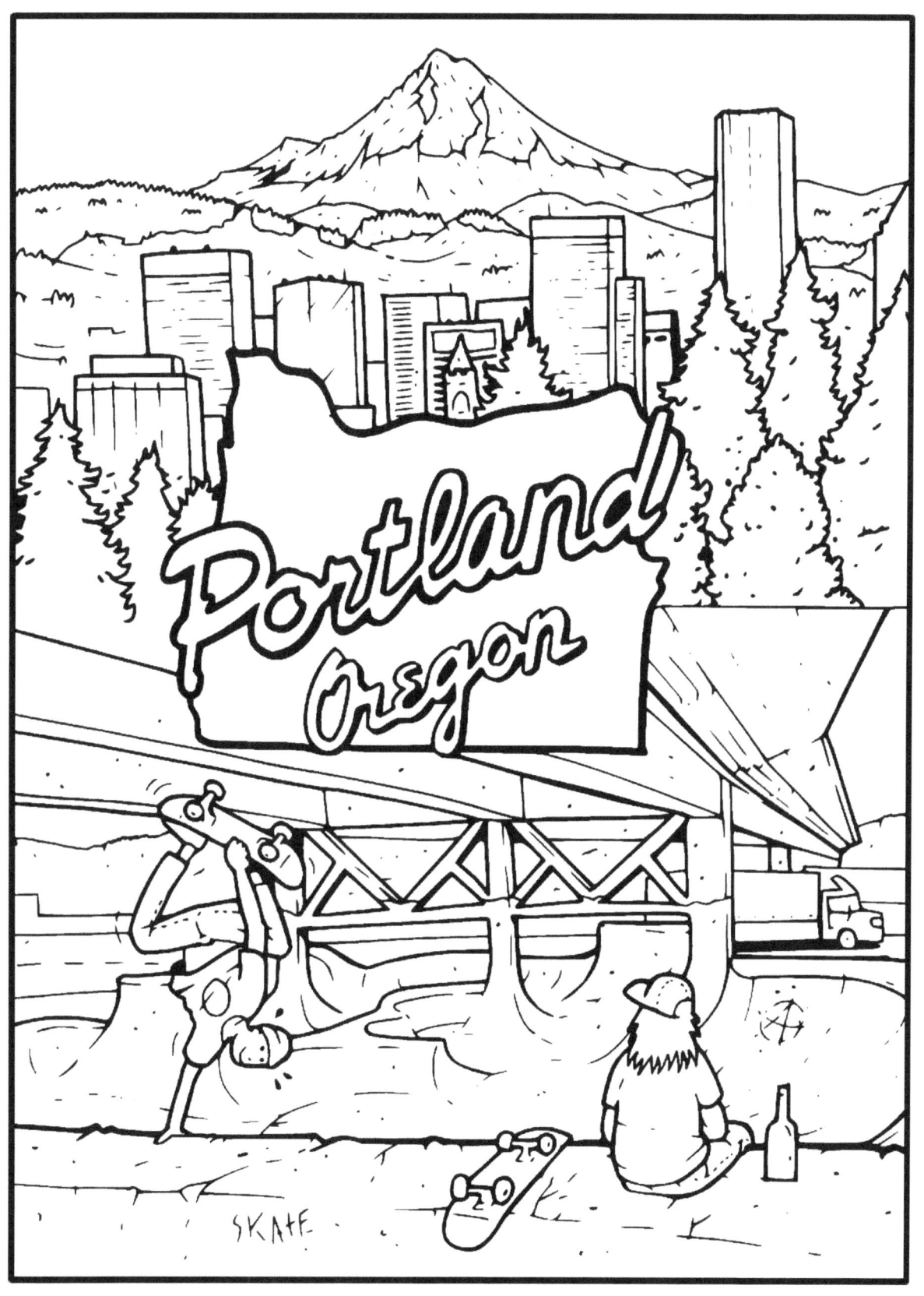

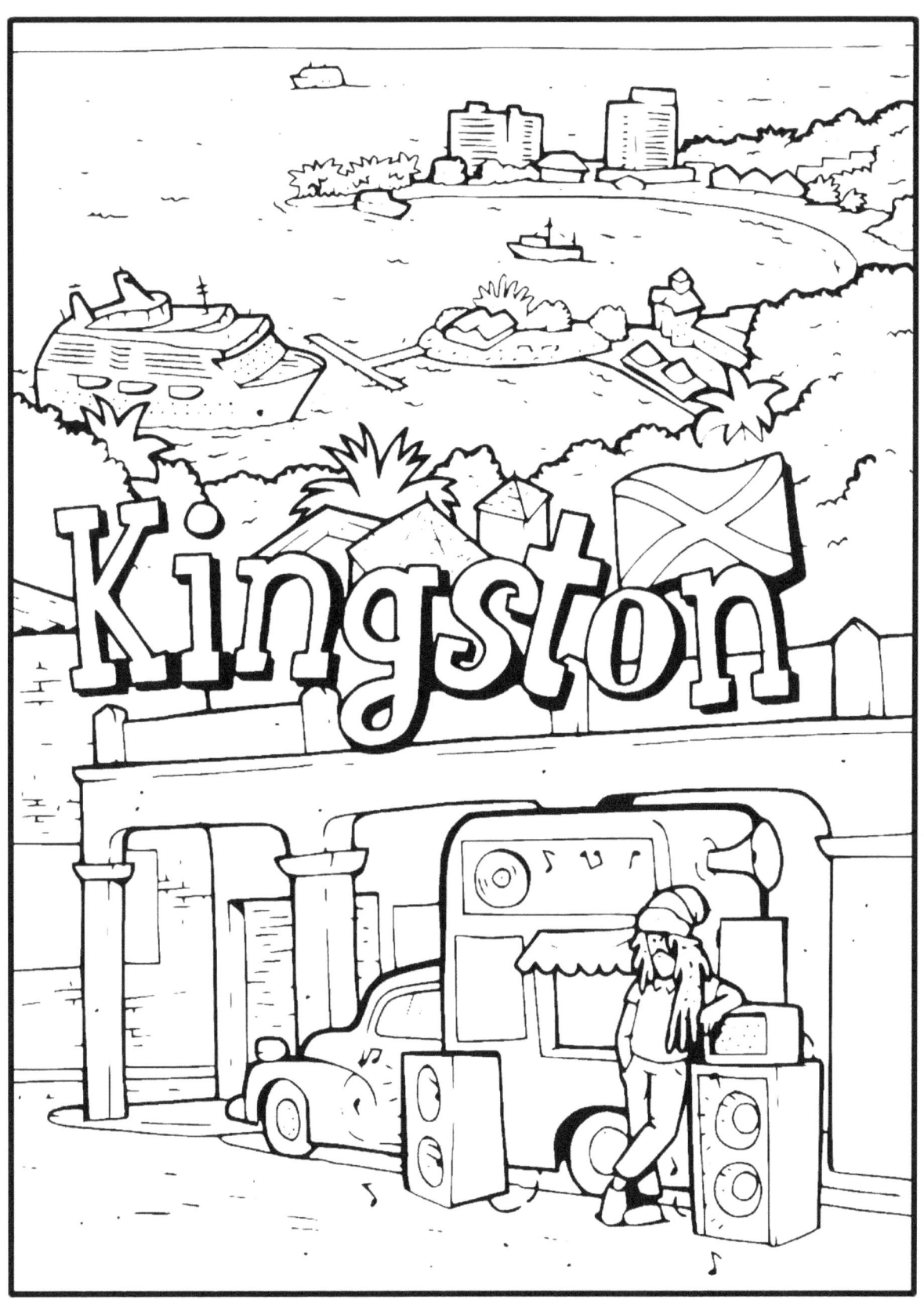

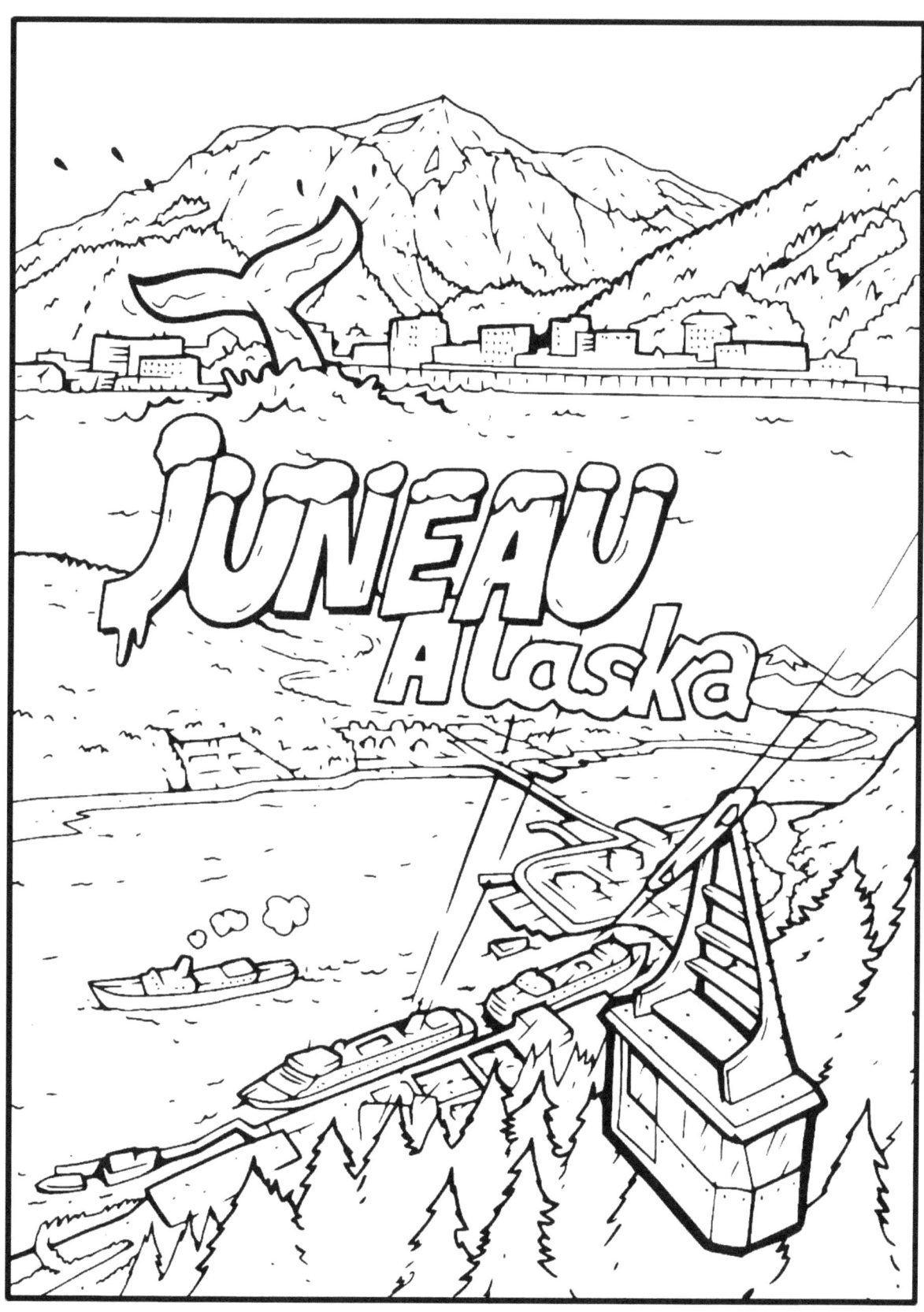

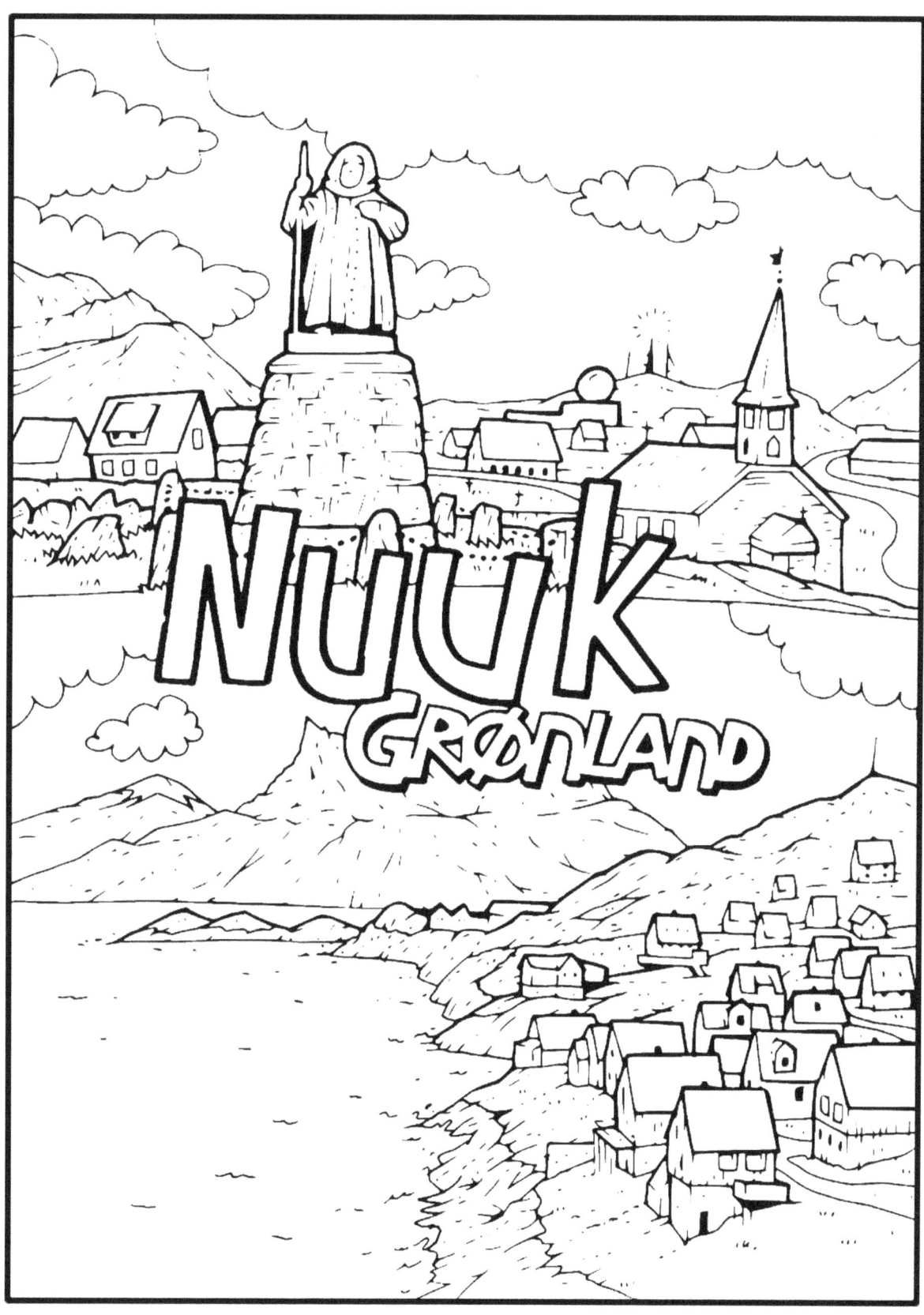